Aus Verantwortung für die Umwelt hat sich der Fischer Kinder- und Jugendbuch Verlag zu einer nachhaltigen Buchproduktion verpflichtet. Der bewusste Umgang mit unseren Ressourcen, der Schutz unseres Klimas und der Natur gehören zu unseren obersten Unternehmenszielen.

Gemeinsam mit unseren Partnern und Lieferanten setzen wir uns für eine klimaneutrale Buchproduktion ein, die den Erwerb von Klimazertifikaten zur Kompensation des CO_2-Ausstoßes einschließt.

Weitere Informationen finden Sie unter: www.klimaneutralerverlag.de

Weitere Informationen zum Kinder- und Jugendbuchprogramm der S. Fischer Verlage finden Sie unter: www.fischerverlage.de

Erschienen bei FISCHER Duden Kinderbuch

Fachberatung: Ulrike Holzwarth-Raether
Gestaltungskonzept: Farnschläder & Mahlstedt, Hamburg
Layout: Michelle Vollmer, Mainz
Umschlagkonzept: Frauke Schneider, Wittighausen
Umschlaglayout: Mischa Acker, Brühl
Coverillustration: Christiane Hansen

Druck und Bindung:
Grafisches Centrum Cuno GmbH & Co. KG, Calbe
Printed in Germany
ISBN 978-3-7373-3629-1

Silbe für Silbe

Geschichten zum Lachen und Spaßhaben

Susanna Moll, Hanneliese Schulze
mit Bildern von Sandra Reckers
und Christiane Hansen

FISCHER Duden Kinderbuch

Inhalt

Das verrückte Straßenfest

Ole und Maja freuen sich:
Heute ist Straßenfest
in ihrem Stadtteil.

Auf dem Straßenfest kann man
essen, trinken und feiern.
Und man darf vorführen,
was man kann.

Majas Papa spielt Trompete
in einer Band.
Oles Mama malt Muster
auf Fingernägel.

Herr Sumser von gegenüber
zeigt seine Zaubertricks.
Und Frau Sumser führt
Bauchtanz vor.

Auf dem Kinderflohmarkt
kann man Kram verkaufen.

Und von dem verdienten Geld
anderen Kram kaufen.

Ole und Maja haben
eine bessere Idee:
Flupp und Leni sollen
Kunststücke zeigen!

Flupp ist Oles Hund.
Er kann ein paar Meter
hoch hüpfen.
Oder fast.

Leni ist Majas Katze.
Sie kann mit ihren Pfoten
und ihrem Schwanz
Papier bemalen.

Ole stellt ein Schild auf.
Maja legt eine Kappe daneben.
Da können die Leute
dann Geld reinwerfen.

HEUTE IM PROGRAMM:
DER SPRINGENDE HUND!
DIE MALENDE KATZE!
SPENDEN ERBETEN.

Endlich bleiben
einige Leute stehen.
Also nichts wie los
mit den Kunststücken!

Komisch,
Flupp interessiert sich heute
gar nicht für den Knochen.
Er will zu Leni.

Ole hält schnell seinen
Hula-Hoop-Reifen vor Flupp.
Hm, noch zu hoch.
Dann eben etwas niedriger.

Leni will ihren Schwanz nicht
in den Topf mit Farbe tauchen.
Sie mag nichts, was nass ist.
Maja muss etwas nachhelfen.

Leni faucht. Und plötzlich
macht sie einen großen Sprung.
Direkt hinüber
zum Nachbarstand.

Gerade will Herr Sumser
ein Kaninchen
aus seinem Hut zaubern.
Doch was ist das?

Die Leute lachen.

Leni sitzt auf dem Zylinder.

Herr Sumser sucht verzweifelt nach dem Kaninchen.

Wo Leni ist,
will auch Flupp sein.
Im Laufen wirft er
den Farbtopf um.

Verwundert dreht Flupp sich
einmal im Kreis.
Seine Pfoten machen Kleckse
auf Pappe und Papier.

Dann begrüßt er freundlich
Frau Sumser,
die heute sehr schön aussieht.

„O nein!“, schreit Ole.
„Alles geht schief!“
Wütend gibt er dem Schild
einen Tritt.

Ein Kind fragt:

„Wo ist der springende Hund?“

Ein anderes fragt:

„Wo ist die malende Katze?“

Endlich bringt Maja
Leni und Flupp zurück.
Ihre Kleider sind jetzt
auch etwas grün.

Maja schreibt das Schild neu.
Jetzt steht dort:

Doch Leni und Flupp
haben keine Lust mehr
auf Kunststücke.

Die Leute sind längst weg.
Ole seufzt.
Das mit dem Geldverdienen
können sie jetzt vergessen.

Da bleibt eine alte Dame
vor ihnen stehen.
„Nein, wie süß!“,
ruft sie.

„Die Katze kuschelt ja
mit dem Hund!“
Begeistert spendet die Dame
den Tierbesitzern fünf Euro.

Ole und Maja grinsen sich an.
Das reicht gerade
für Waffeln und Saft.
Nichts wie los!

NURI

Die vertauschten Schuhe

Nuri ist ein ganz Netter.
Alle in der Klasse
mögen ihn.

Er kann schon auswendig
JAGUAR schreiben,
denn sein Vater fährt einen.
Darauf ist Nuri sehr stolz.

Auch Merle mag ihn.
Aber Nuri weiß nichts davon.
In den Pausen spielt er immer
mit anderen Jungen Fußball.

Eines Tages
sagt die Lehrerin zu Nuri:
„Nuri, du hast
mal wieder Ziegenfüße!“

„Was habe ich?“, fragt Nuri.
„Meine Füße sind doch
in Ordnung.“
Er sieht sie sich genau an.

„Das sind sie auch“,
meint die Lehrerin.
„Aber guck mal
deine Schuhe an.“

„Meine Schuhe sind ganz neu,
mit Blinkern überall.
Da, siehst du?“, ruft Nuri.

In der Pause geht Nuri
mit großen Schritten
im Kreis herum.
Die Schuhe blinken
rot, gelb und grün.

„Die sehen eher aus
wie eine Ampel!“,
ruft Lisa.

„Oder wie Entenfüße
mit Beleuchtung“,
kichert Kati.

„Nee, ich weiß:
wie Elefantenfüße!“,
lacht Ina.

„Vielleicht stinken sie ja auch nach Ziegenkäse!“, ruft Dennis albern.

Er hält sich
die Nase zu
und tanzt durch die Klasse.

Merle ärgert das.
„Hört auf!“, ruft sie
und läuft zu Nuris Platz.

Ritsch, ratsch, reißt sie
die Klettverschlüsse auf
und zieht Nuri die Schuhe
von den Füßen.

„He, was soll das?“, ruft Nuri.
„Guck, so …“, sagt Merle
und zieht ihm die Schuhe
richtig herum wieder an.

Dann geht sie zurück
und lässt sich
auf ihren Stuhl fallen.

Nuri guckt verdutzt
auf seine Füße.
Für ihn sehen die Schuhe
genauso aus wie vorher.

„Na, wenn du meinst“,
sagt er leise. „Hauptsache,
die Blinker gehen noch.“

Am nächsten Morgen
hat Nuri wieder Ziegenfüße.
Merle stupst ihn an
und flüstert: „Andersherum!“

Nach dem Sport

hat er Ziegenfüße.

Und nach der Geschichte

auf dem Leseteppich auch.

Immer zieht er seine Schuhe
falsch herum an.
Den rechten Schuh
an den linken Fuß.

Und den linken Schuh
an den rechten Fuß.
Er gibt sich wirklich Mühe.
Aber es ist immer verkehrt.

Da hat Merle eine Idee:
Sie holt einen roten Filzstift
aus ihrer Tasche.

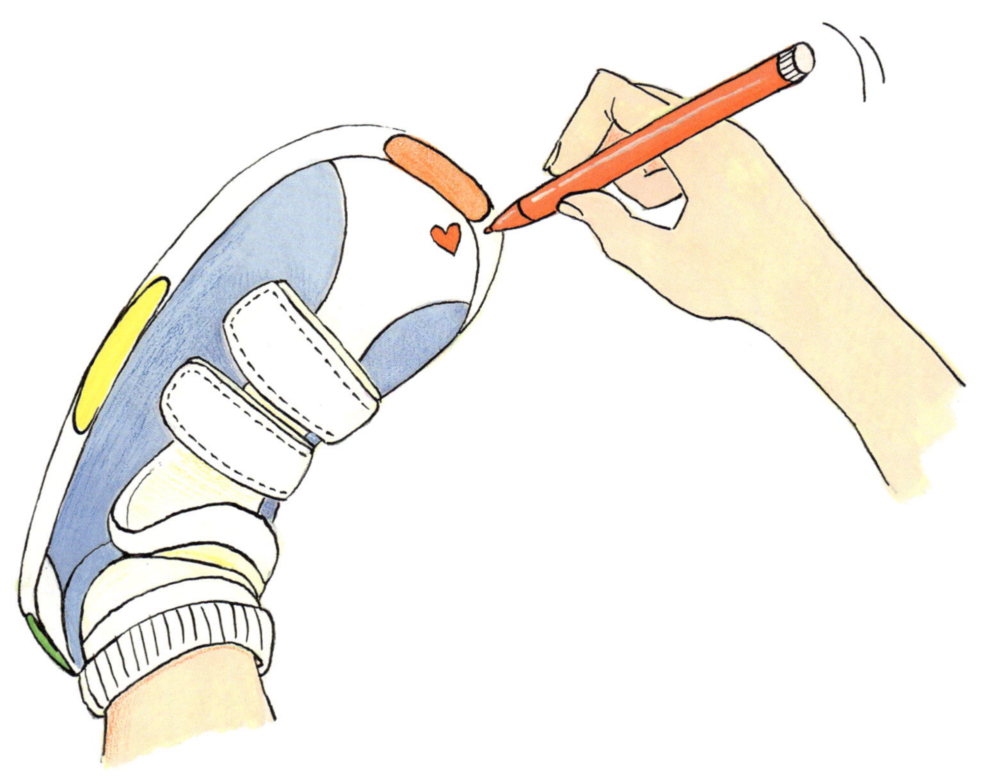

Damit malt sie Nuri
ein kleines rotes Herz
auf den linken Schuh.
Genau neben den Blinker.

Und eines

auf seine linke Hand.

„Kapiert?“, fragt sie.

Nuri guckt sich die Herzen
eine Weile an.
„Ja, jetzt ist es ganz leicht“,
lacht er.

Er nimmt ein leeres Blatt
und schreibt
mit großen Buchstaben
JAGUAR darauf.

Und ganz klein kritzelt er:

FÜR MERLE

„Das ist für dich“, sagt Nuri
und schenkt es ihr.

Mit der Silbenmethode lesen lernen

In den vorliegenden Geschichten sind die Sprechsilben farbig voneinander abgehoben. Diese Markierung hilft Leseanfängern dabei, sich vom einzelnen Buchstaben zu lösen und zu größeren Leseeinheiten zu gelangen. Der Sinn der Wörter lässt sich dadurch leichter erschließen.

In den meisten Fällen entsprechen die Sprechsilben der möglichen Worttrennung am Ende einer Zeile. Dies ist jedoch nicht immer der Fall. Einen wesentlichen Unterschied gibt es bei Wörtern mit Sprechsilben, die aus nur einem Vokal bestehen (z. B. aber, Ole, über, oder ...). Einzelne Vokalbuchstaben am Wortanfang oder -ende werden nach der aktuellen Rechtschreibung nicht getrennt.

Leseprofi von Duden – von Anfang an richtig

1. Klasse

Jeweils 48 Seiten, gebunden.

- Beste Freundinnen
  ISBN 978-3-7373-3492-1
- Ferien auf der Blaubeerinsel
  ISBN 978-3-7373-3472-3
- Eine Mumie geht zur Schule
  ISBN 978-3-7373-3447-1
- Die geheimnisvolle Schatzkarte
  ISBN 978-3-7373-3218-7

2. Klasse

Jeweils 64 Seiten, gebunden.

- Diamantenklau im Hafen
  ISBN 978-3-7373-3471-6
- Eine Gruselnacht im Zelt
  ISBN 978-3-7373-3442-6
- Die Bienenretter
  ISBN 978-3-7373-3475-4
- BMX und sonst nix!
  ISBN 978-3-7373-3374-0

Alle Duden Leseprofis finden Sie unter
www.duden-leseprofi.de